Quiero saber

¿QUIÉN?

¿QUIÉN es más alto que una jirafa?

¿QUIÉN fue el primero en volar un avión?

¿QUIÉN fue la primera persona que pisó la Luna?

sequoia™
kids media

¿Sabías que...?

Illustrated by Marilee Harrald-Pilz
Translation by Ana Izquierdo/Arlette de Alba

Photography © Shutterstock 2021 Vadim Sadovski (pg 4); Aphelleon (pg 5);
jennyt (pg 6-7); lunamarina (pg 9); Eric Isselee (pg 10); jaroslava V (pg 11);
Willyam Bradberry (pg 12); Nataliia Pyzhova (pg 14); Milanana (pg 14);
Dmitry Lobanov (pg 15); Cherdchai charasri (pg 16); Hung Chung Chih (pg 18-19);
Aurelien KEMPF (pg 20); Fer Gregory (pg 23); CGi Heart (pg 24)
Photography by Brian Warling Photography and Siede Preis Photography

Published by Sequoia Kids Media,
an imprint of Sequoia Publishing & Media, LLC

Sequoia Publishing & Media, LLC.,
a division of Phoenix International Publications, Inc.

8501 West Higgins Road
Chicago, Illinois 60631

© 2023 Sequoia Publishing & Media, LLC

Sequoia Kids Media and associated logo are trademarks and/or registered trademarks of
Sequoia Publishing & Media, LLC.

Active Minds is a registered trademark of Phoenix International Publications, Inc.
and is used with permission.

Paperback edition published in 2023 by Crabtree Publishing Company
ISBN 978-1-6499-6977-4 Printed in China

Customer Service: orders@crabtreebooks.com

Crabtree Classroom
A division of Crabtree Publishing Company
347 Fifth Avenue, Suite 1402-145
New York, NY, 10016

Crabtree Classroom
A division of Crabtree Publishing Company
616 Welland Ave.
St. Catharines, ON, L2M 5V6

Quiero saber

¿QUIÉN?

Contenido

¿QUIÉN fue la primera persona que pisó la Luna?

Tres astronautas volaron a la Luna en 1969. **Neil Armstrong** fue el primero en caminar sobre la Luna, seguido por **Buzz Aldrin**. **Michael Collins** se quedó en la nave para ayudar a Neil y a Buzz.

¿Sabías que...?

Miles de personas colaboraron en la Tierra para ayudar a los astronautas a llegar a la Luna. Tres de ellas fueron **Mary Jackson**, **Katherine Johnson** y **Dorothy Vaughan**. Ganaron premios por su trabajo, y se hizo una película basada en sus vidas.

¿QUIÉN fue el primero en volar un avión?

Los hermanos **Wilbur** y **Orville Wright** inventaron el avión. Su primer vuelo fue el 17 de diciembre de 1903. Continuaron trabajando para mejorar cada vez más los aviones.

¿Sabías que...?

Amelia Earhart fue famosa por volar aviones en la década de 1930. Le encantaba realizar vuelos largos y emocionantes. Escribió libros y ayudó a otras mujeres que querían pilotar aviones.

¿QUIÉN inventó Halloween?

En la antigüedad, los europeos celebraban el Año Nuevo el 31 de octubre. Se vestían de animales y dejaban regalos para los fantasmas.

¿QUIÉN inventó la goma de mascar?

Los humanos han mascado goma desde hace miles de años. La goma de mascar o chicle se hacía a partir de la savia pegajosa o la resina de algunos árboles. Actualmente se hace goma de mascar que no proviene de los árboles.

¿Sabías que...?

Los pueblos de México y Centroamérica inventaron el chocolate. En la antigüedad, mezclaban agua, especias y semillas tostadas de cacao. El chocolate era una bebida.

¿QUIÉN es "el rey de la selva"?

Algunos llaman "rey de la selva" al león. Los leones son grandes, fuertes y majestuosos. Los leones machos tienen una melena alrededor de la cabeza. Su melena parece una corona.

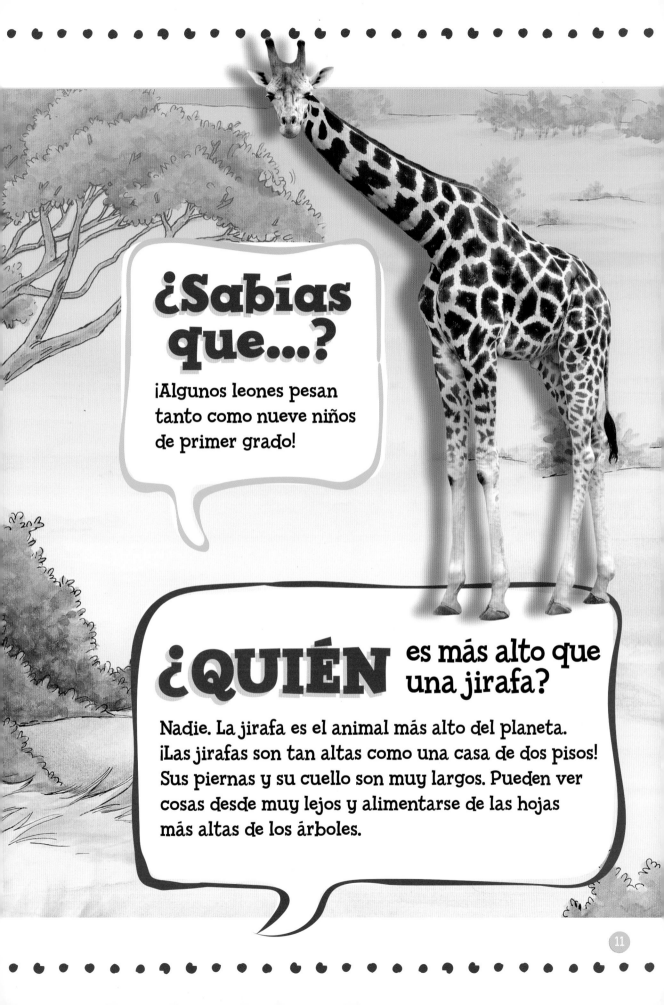

¿Sabías que...?

¡Algunos leones pesan tanto como nueve niños de primer grado!

¿QUIÉN es más alto que una jirafa?

Nadie. La jirafa es el animal más alto del planeta. ¡Las jirafas son tan altas como una casa de dos pisos! Sus piernas y su cuello son muy largos. Pueden ver cosas desde muy lejos y alimentarse de las hojas más altas de los árboles.

¿QUIÉN fue una de las mejores maestras del mundo?

¡Han existido muchos maestros asombrosos! **Anne Sullivan** fue una maestra excepcional. Anne fue la maestra de una niña llamada **Helen Keller**. Helen no podía ver ni oír. Anne le enseñó a entender las cosas con sus manos, y a usar las manos para hablar. Helen se convirtió en una escritora y oradora famosa.

¿Sabías que...?

El Braille es un sistema de escritura que usa puntos en relieve. Los invidentes pueden tocar los puntos, ¡así que leen con los dedos!

AGUA

¿QUIÉN inventó los conos de helado?

Un vendedor de helados de San Luis Misuri se quedó sin platos en la Feria Mundial de 1904. Alguien que vendía waffles llegó a ayudarle. Doblaron un waffle alrededor del helado, ¡y a la gente le encantó!

¿QUIÉN inventó el sacabolas para servir helado?

Alfred L. Cralle vivió en Pittsburgh en la década de 1890. Trabajaba en una heladería. El helado siempre se pegaba a la cuchara de servir, ¡así que inventó la cuchara sacabolas con separador!

¿QUIÉN inventó el básquetbol?

En 1891, el profesor y doctor **James Naismith** necesitaba un deporte para que sus alumnos jugaran en invierno. Tenía que jugarse en el interior a salvo y ser activo. ¡A Naismith se le ocurrió el básquetbol!

¿Sabías que...?

Naismith era profesor en una escuela solo para hombres. Un año después de que James Naismith inventara el básquetbol, una profesora llamada **Senda Berenson** leyó sobre él y les enseñó a sus alumnas el nuevo juego. ¡Les encantó!

¿QUIÉN construyó el muro más largo del mundo?

La Gran Muralla China es el muro más largo del mundo. La construyeron muchísimas personas a lo largo de dos mil años. ¡En línea recta llegaría de Chicago a París!

¿Sabías que...?

La Gran Muralla empezó siendo muchas murallas pequeñas. Las partes más antiguas tienen casi 2,500 años.

¿QUIÉN usa los hidrantes de incendios?

Los bomberos usan estas bocas de agua. Conectan las mangueras de su camión de bomberos al hidrante. Bajo este enorme grifo hay una tubería de agua, y los bomberos la usan para apagar incendios.

¿Sabías que...?

Algunos camiones de bomberos muy largos tienen dos volantes. Hay un conductor en la parte delantera y otro en la parte trasera. Esto permite al camión virar rápido.

¿QUIÉN usó por primera vez la máquina de rayos X?

Los médicos empezaron a usar las placas de rayos X para ayudar a sus pacientes en 1895. Pero **Marie Curie** fue quien ayudó a más gente. Era una científica, y durante la Primera Guerra Mundial instaló máquinas de rayos X en coches. Entrenó a 150 mujeres para usarlas. Las mujeres conducían hasta los campos de batalla y ayudaron a más de un millón de soldados.

¿QUIÉN inventó la escayola para fracturas?

Hace unos 1000 años un médico llamado **Al-Zahrawi** describió una escayola hecha con harina y claras de huevo. La mezcla forma una cubierta dura cuando se seca.

Con cariño, mamá

Mike J.D.

KATIE

¿Sabías que...?

Cuando sacan una placa con rayos X, los doctores pueden ver el interior de nuestro cuerpo para ayudarnos. Piensa en cómo la luz atraviesa una ventana. Más o menos así pasan los rayos X por el cuerpo.

¿QUIÉN se lleva mi maleta cuando vuelo en avión?

Cuando le das tu maleta a un trabajador del aeropuerto, le ponen una etiqueta que dice a dónde vas. Otro trabajador o una máquina lee la etiqueta y la asigna al transporte que la llevará a tu avión. ¡La maleta viaja en el avión contigo, pero no puedes verla!